하늘을 읽다

김화자 시집

오늘의문학사

하늘을 읽다

일러두기

본문에 사용한 '〉'표시는 연과 연 사이의 '빈 줄'을 나타냅니다.

❥ 서시

접을 수 없는 세월

네모난 색종이를 반으로 접는다
다시, 반을 반의반으로 접는다
또다시
반의반을 반의반의 반으로 접는다

나이를 반으로 접는다
다시, 반을 반의반으로 접는다
또, 다시
반의반을 반의반의 반으로 접는다

이름을 다 잃었어도
색종이를 다시 편다
기억을 다 잃었어도
자국을 남겨도 다시 펴진다

그런데 나이는,
다시, 펴지지 않는다

♣ 차례

서시 • 5

제1부 황매화가 피면

황매화가 피면 • 13
하늘을 읽다 • 14
탐심(貪心) • 16
백로(白露) • 17
지금, 여기 • 18
부엉이 울던 밤 • 20
꽃창포 • 22
향수에 잠기다 • 24
밤 이야기 • 26
아름답고 그리운 • 27
산골길 • 28
A Path of A Mountain Valley • 29
억새의 울음 • 30
Eulalias Cry • 31
출판기념회 • 32

제2부 꽃잎 편지

고향집 • 35
그날의 액자 1 • 36
그날의 액자 2 • 37
겨울 손님 • 38
밥 한 톨 • 39
아기 나무가 어느 사이 • 40
아버지 1 • 41
아버지 2 • 42
어이할꼬 • 43
어머니 1 • 44
어머니 2 • 45
울 엄마는 파랑새인가 봐요 • 46
첫 만남 • 47
아름다운 노크 • 48
자주감자 • 49
우물가에서 • 50
부부 • 51
버팀목 • 52
동행 • 53
그냥 안아 주세요 • 54

제3부 목척교 연가

간이역 • 57
목척교 연가 • 58
엄마 얼굴 • 60
젖줄 • 61
자식 • 62
잎 • 63
줄 타는 놀이 • 64
돌아갈 수 없는 시간 1 • 65
돌아갈 수 없는 시간 2 • 66
돌아갈 수 없는 시간 3 • 67
촌티학교 • 68
추풍령에서 4 • 70
추억의 향기 • 72
홍매화 1 • 74
홍매화 2 • 75
회고 • 76
시인의 봄날 • 78
아침을 맞는다 • 80
시 • 81
홍시 하나 • 82

제4부 추풍령

곁에서 빛나는 · 85
바람이 전하는 말 · 86
우리의 봄날 · 88
그 사람 · 89
소나무 1 · 90
겨울 까치 · 92
늦가을 · 94
소나무 2 · 96
구멍 · 98
신발을 보며 인연을 생각한다 · 99
갈꽃 · 100
앵두를 보며 · 101
영산홍 · 102
부산에서 1 · 103
부산에서 2 · 104
부산에서 3 · 105
부산에서 4 · 106
부산에서 5 · 107
대전에서 · 108

제5부 시인의 산문

유년의 정원 • 111
엄마 없는 일곱 살 • 116
도깨비불 • 122
내 기억 속 풍경 • 126
금반지의 기억 • 131
자식의 가치 • 136

제1부

황매화가 피면

황매화가 피면

4월에 피는 황매화가 피면
아버지가 보고 싶습니다
뒤껼, 울타리에 총총 핀
꽃을 보면
집 떠나간 새엄마가 떠오릅니다

외로움과 고독함에 기다렸을 시간
그때는 미처 몰랐습니다
아버지 홀로 두고
부산으로 멀어져간 철없던 딸

뒤늦은 후회를 합니다
언젠가, 아니면 곧
당신들 계신 곳으로 찾아갈 겁니다

4월, 황매화가 피거들랑

하늘을 읽다

팝콘이 튀듯,
하늘빛 따라 소풍 가는 꿈을 꾸었어요
식은 꽃 아래 앉아
피리를 불면 꽃이 깨어날까요?
달빛 동네에 걸터앉아
누군가의 발걸음을 비춰줄까요?

어떤 이가 하늘길 소리를 들었다며
높은 하늘을 올려다봐요

누군가에게 속셈을 들킨 것 같은 생각에
부끄러울 수도 있어요
어린 시절
맨 처음 그리던 미술 시간처럼
눈부신 봄날에 열리는
푸르른 하늘을 보고 싶어요
〉

유품 정리를 하듯 조각조각 하늘을
지워볼까요
다시 일 년이 지난다면
소나무 그늘 아래에서

하얀 구름 찾으며
살아 있는 것들에 대한 그리움을 켜고 싶어요

짧은 소풍의 행복일지언정
아름다움일 테니까요

탐심(貪心)

욕심 없는 나이가 되어 꽃을 보아라
죽은 듯이 떨어진 꽃을 보아라
뿔뿔이 흩어져 버린 꽃잎을 보아라

욕심 없는 나이가 되어 나무를 보아라
죽은 듯이 움직이지 못하는 고사목을 보아라
잔가지 잘려 나가 버려진 땔나무를 보아라

꽃으로 꽃 점을 보아라
꽃잎 다 떨어질 때까지

나무로 나무 점을 보아라
나뭇잎 다 떨어질 때까지

욕심 없는 나이가 되어 꽃을 보아라
욕심 없는 나이가 되어 나무를 보아라

아무것도 갖고 싶지 않게
아무것도 하고 싶지 않게

백로(白露)

침침한 눈으로 지켜본다
갑천변에서 노니는 새 한 마리

꼬리는 쫑긋쫑긋 날을 세우고
목선은 살금살금 주위를 살피는
좀처럼 움직임 없는 샛눈

너도 나처럼 삭신이 저린 거니
가끔 물 한 모금 홀짝이는가 하면
어느새 사뿐하게
아무 일 없는 듯 물 위를 날아다오

길을 잃을까 배웅하고
갈대숲 부스럭 소리에 쳐다보고
긴 다리 부러질까
눈 못 떼는

너무 멀고 아득한
새의 길

지금, 여기

무심코 걷다 보니
벌써 목적지가 눈앞에 있다

한낮 꽃들이 여기저기 피어나거늘
둔덕한 몸을 천천히 움직이며
삐걱거리는 뼈대를 곧추세우며
버드나무 가지 아래 숨을 고른다

우거진 틈 사이에 펼쳐진 초록 풀잎들
우아하게 걷고 서는 새 한 마리
하늘의 낮달까지 천천히
나를 따르는 나른한 오후

오늘 나는 여기까지 와 있어도
내일 나는 어디까지 갈 수 있을까
혼자 맥없이 읊조리는
푸념 같은 말들만 무성하다
〉

삐죽삐죽 피어난 네잎클로버
손가락 사이에 끼워
살며시 엿본다

어느새,
지금,
여기에서

부엉이 울던 밤

그날은 뒷동산 거목에서
부엉부엉 울었다
잃어버린 시간을 찾아가듯
유년을 따라가 보자

부엉이 울음소리 귓전에 들리면
마당을 가로지르며 가야 하는
화장실까지 가지 못하던
캄캄한 밤하늘 아래
온통 무서움이 내려앉았던
달빛 너머까지 두려움만 가득 찼던
그 옛날,
우리 집
〉

지금은 부엉이 소리가 그립고
캄캄한 밤이 무섭지 않고
그 마당을 천천히
걸어보고 싶고
바지랑대에 걸린
아버지의 바지가
현기증 나도록 사랑을 매달고 울음 지는
그 옛날,
우리 집

세월은 자꾸 멀어져 가고
캄캄한 밤은 자꾸만 밝아지고

꽃창포

앞마당 고랑 옆에 피던 보랏빛 너
줄지어 오종종히 피었었지

설거지물을 버리는 곳이었지만
그보다 더 화려할 수는 없었지

찰랑거리는 머리를 휘감으려
지나다녔지

향내가 귓불을 타고 콧등까지 스치면
한참을 바라보던 너

물빛을 머금고 햇살을 받으며
뿌리를 내렸지

알고 보면 한껏 멋을 내던
나의 모습과도 같았지
〉

몇 송이 꺾어 방에 두는 날이면
너와 나는 밤새 벗이었지

너를 선명하게 그려낼 수 있지

한 겹 한 겹 다듬어
생기를 불어넣어 주고 싶은 오늘

너와 함께 가지런하게 피고 싶은
마음만 바투 세워

옛 마당에 서서
하염없이 바라보고 있지

향수에 잠기다

내 청춘을 떠올리며 옷장을 연다
색 바랜 원피스가 둥실 날아오른다

핑크빛 향수가 나를 또렷이 바라본다
손으로 만지작거릴 뿐
몸은 자꾸만 숨으려는 태세다

과거는 상처이고 그리움이다
어디를 떠돌아다니다 왔느냐며
불혹의 청춘이 환하게 반긴다

여든을 넘겼다면 불혹도 청춘인 것을
버리지 못한 뾰족구두가 행진하지 못하고
신발장에서 몸 비늘을 떨구고 있다

더는 기다릴 수 없다고
또각또각 소리를 내며
고향으로 돌아가고 있다
〉

여든의 나는 굽 낮은 신발이 제격이다
굵게 말아 올린 헤어스타일 짙은 눈썹

위풍당당 살색 스타킹
미소 머금은 수줍은 사진 속
그 아리따움이여

장미 한 송이 눈 속에 파묻혀 우는 계절이여

밤 이야기

알밤 한 주먹을 삶았어요
한 알 한 알 파먹었어요
두 알 세 알도 달달해요
먹을 때마다 생각나요

밤나무 그늘에서 밤 줍던 날
모기에게 물려도
허리가 아파도
마냥 즐겁던 어느 가을날

씨알 굵은 밤을 사다 줘도
늙은 햇살이 좋고
버석버석한 손등이
세상을 쓸어내려도

뭐 어쩌겠어요, 그날이 그립고
그 사람이 좋은
오늘은
밤송이도 그리운 것을

아름답고 그리운

친구가 불러 부산에 갔어. 역 대합실, 사람들의 물결 속에서 친구의 모습은 각기 달랐지. 긴 머리 처녀가 백발로 환하고, 관절이 다 빠져나갔다는 것을 알았어.

여긴 그대로, 바람이 다른 곳이야. 어떤 변화도 우리들이 모이기 때문이지. 손깍지 끼고 웃는 여고생만큼 밝았고, 눈빛에 조용히 60여 년의 시간을 건너가고 있었던 거야.

말이 빨리 안 나와도 기다려 주었어. 추억 담긴 밀면을 먹으며 긴 이야기를 나누었지. 무릎뼈를 짚고 느리게 걸어도 우리는 성성했다. 오래오래 이렇게 더 만나고 싶다고 웃었지.

나는 알 것 같아. 너도 알고 있을 거야. 복병산 마루에 남쪽의 별이 빛나던 그 시절을.

산골길

빈 들판 한켠에
비에 젖은 코스모스
세찬 바람 위로 술 취한 듯
비틀거리는 너의 모습
외로움이 스며 젖는다
저 속에 숨어 있는
누군가의 눈물인 양 스쳐가는
옷깃에 물기만 남아
빗길 헤치는 걸음걸이에
서성이는 너의 모습이
눈에 밟힌다

A Path of A Mountain Valley

The cosmos flowers at one side in the empty field
Getting wet in the rain,
And your looks shaking askew,
As if being drunk by the strong wind,
Are soaked to the loneliness.
With only wetness on its clothes
Hiding in that solitude,
Grazing as if it were someone's tear,
Your appearance, hanging around your walking steps
In order to cut your way through a rainy way,
Is haunted by.

〈Tr. by Won Eung-soon〉

억새의 울음

날카로운 잎은
자기를 보호하는 방패다

약자는 무서운
칼날을 늘 지니고 다닌다

강력한 허세에
아픔이 서려 눈물에 겹다

바람에 흐느끼는
그 울음소리가 참 슬프다

Eulalias Cry

The sharp leaf
Is a shield defending itself.

The weak always keep
A formidable knife with them.

The powerful bluff
Is sure to be tearful with pains.

The sobbing sound on the wind
Is so sad.

〈Tr. by Won Eung-soon〉

출판기념회

『추풍령』 출판기념회
몇몇 문우들의 동행은
소풍 같은 기분의 연출이다

P의 손에 들린 꽃바구니의 무게가
심적으로 무거웠지만
테이블 안쪽으로 앉은
사회자와 작가들의 눈빛
돌아보니 문학은
향기 나는 사람들의 항해였어

중도일보 기자와 인터뷰한
기사가 떠오르고
세월이 아무리 흘러도
행복하지 않았다면
쓰는 일은 살아 있음의 증표였어

시를 쓸 수 있어
여든 살의 숫자가
무색하지 않은 이유였어

제2부

꽃잎 편지

고향집

마을 앞 정자나무
옷을 갈아입었다

쌀쌀한 바람에
옷깃을 여미며

들국화 향기에
취해 걸었다

이 길은 부모님 손잡고
걸어가던 길

이 흙냄새,
마음껏 들이마신다

모두 떠난 마을이지만
바람이 반갑다

그날의 액자 1

하늘거리는 황금빛 물결
둑길 위 콩서리 하던 불빛

가을이 익어가는
구수한 연기가
내 주위를 골똘히 맴돈다

여인의 머리채처럼
흘러내리는 물결에
맞닿은 한 폭의 그림,

두 손 모아 살며시
내 마음에 액자를 만든다

돌아가는 등 뒤로
붉게 타는 황홀한 노을

그날의 액자 2

나지막한 동산을 끼고
울타리가 쳐져 있다

앞마당에는 장미가
울타리에 앉아 웃는다

대문 옆 포도 덩굴 아래
큰 눈을 굴리는 양 두 마리

우물가 수선화처럼
맑은 눈망울을 굴리더니

감꽃 목걸이 만들던
눈물겹던 그 추억 속에서

저만큼 어미닭이
병아리를 품고 잠든다

겨울 손님

뒷산에는 바람이 산다
부엉이 울음과 함께
오케스트라를 연출한다

긴긴밤, 메밀묵으로
출출한 시장기를 지울 때,
아랫목에서 잠들던 아이가
두 눈을 동그랗게 뜨던 겨울

덜컹대는 거센 바람이
올 사람도 없는 집을 찾아다니며
문을 흔들어댄다

그때 그 아이가 이제
세월 따라 황혼을 맞고 있다
기대와 공포로
바람을 만나기도 하고
손님을 맞이하기도 한다

밥 한 톨

그는 내게 밥 한 톨로
허기를 잊게 하였다

검은콩 섞인 고봉 밥그릇이
오랫동안 눈앞에 어른거렸다

울음이 넘치는 세상에서
홀로 미소 짓게 하였다

아기 나무가 어느 사이

아버지 벼 베시던 날
메뚜기 잡으며
뛰어놀았다

들녘은 그때도
황금빛으로
저렇게 물들었었는데

늙은 밤나무
한 그루만 둥그렇게
저만큼 서 있다

조그마하던 아기 나무가
이제 나처럼
주름이 깊다

팔 벌려 안아본다
두 가슴에
반가운 맥박이 뛴다

아버지 1

농사 경험이 없는 아버지는
괭이질이 서투르셨다
호미질도 서투르셨다
씨앗 한 알을 어루만지며
사랑을 나누는
초보 농사꾼이셨다

아침저녁이 다르게 크는
푸른 잎에
눈을 떼지 못하는 아버지,
오이 고추 호박 토란 완두콩
싱싱하게 가꾸며
서툴러도 행복하시던 아버지

시장에 내다 팔 것 없어도
시장을 돌아보시며
공연히 헛헛헛
웃음소리가 빛나셨다

아버지 2

아버지 진짓상에는
굴비 한 마리가 앉아 있다

바라보는 우리들의 목젖이
오르락내리락하다가
바르르 떨린다

입가에 흐르는
군침을
아시는지 모르시는지
아버지는 맛있게 드셨다

처마 아래 매달은
굴비 두름,
눈으로만
밥 한 그릇을 후딱 비웠다

어이할꼬

무수한 생각들이 허공을 맴돈다
음흉한 망령들은 뿔 달린 도깨비 되어
여기저기 등골 오싹하게 만든다

의심들이 꼬리를 친다
가녀린 이들을 유혹하는 마귀할멈은
닥치는 대로 갈기갈기 찢어 긁는다

원망과 악평의 서슬 퍼런 칼날
상하고 찢겨 울부짖는데
공들여 가꾼 밭 하룻밤 새 허물어진다

거짓에 속은 내 형제자매는
아비의 손길 뿌리친 채
멀리멀리 가버렸다

기다림의 눈물 업고
슬픔의 강을 또 건너야 했다

어머니 1

밤꽃이 피면
어머니를 생각하면서
둑길을 걷는다

옛날 그 추억을
실타래처럼 풀어내며
그리움을 만난다

세월 거슬러
집배원도 모르는 주소가
어디쯤일까? 가늠한다

어머니 2

붉게 익은 고추를 따서
머리에 이고
동네 어귀 들어서시는
어머니

고추와 석양이 어우러져
맑고 고운 빛이
아름답다
어머니 가슴이다

서산에 걸린 햇빛이
어머니 눈썹에 매달려서
아름답다
고운 얼굴이다

울 엄마는 파랑새인가 봐요

울 엄마는 파랑새인가 봐요
엄마는 날마다 파랑색 옷만 입어요
그러니까 울 엄마는 파랑새지요

울 엄마는 울보 파랑새인가 봐요
나를 안고 있을 때도 울고요
가끔 찾아오시는 아빠를 만날 때도 울어요

이담에 커서 엄마에게 물어볼 거예요
엄마는 왜 파랑색 옷만 입었느냐고
우리 집은 이모가 많은 부잣집이었느냐고
왜 엄마는 나를 안고 그렇게 울었느냐고

첫 만남

엑스포 축제로
대전 전역이 흥분되었고
나 역시 마음이 설레였다

생각지 못한 날
내 앞에 나타난 무지갯빛
방긋 웃는다

해맑은 미소와 광채로 다가온 소녀

눈도장을 꼭 찍는다
오래 지워지지 않을 그날의 눈부심을
나에게 심어 놓은
소중한 그 빛

* 맏며느리와의 첫 만남

아름다운 노크

바람결에 찾아와
내 마음에 노크를 하였지

복잡한 생각을
여과하는 동안
티 없는 너의 신선함이
내 가슴에 차고 넘쳤지

아름다운 미소로
민감한 내 마음을 녹였지

이제 서로 의지하며
영원히 마르지 않는
사랑을 나누며 행복하자

* 둘째 며느리와의 만남

자주감자

무쇠솥
누룽지 긁고
몽당 난 놋쇠 숟가락

자주감자
껍질을 벗고
불길에 들어간다

노릇노릇
물기 자작 가시고
아궁이
불씨만 남아 있다

"감자 하나라도
따끈할 때 먹어라."

어머니,
인자하신 그 말씀
오늘도 귀에 맴돈다

우물가에서

뜰 안 우물에서
두레박으로 물을 긷는다
사랑을 퍼 올린다

우물가 저만치에서
난초가 다소곳하다
어머니가 조용히 웃는다

이슬을 밟고
일상처럼 다녀가시는 어머니
별을 세는 것처럼
아쉬움을 남기신다

보랏빛 난蘭이
꽃잎을 떨구기 전에
달을 친구 삼아
어머니, 다시 찾아오세요

부부

손을 잡고 걷는다
저만큼 떨어져 걸어도
어느새 마음은
하나로 이어진다

가끔은 생살을 찢는
아픔을 나누기도 하지만
다시금 돌아와
손을 잡고 걷는다

버팀목

눈을 감거나 뜨거나
때로는 즐겁고
때로는 슬퍼도
언제나
옆에 있는 그림자

미워하거나 다투어도
삶의 의미를 깨우는 그림자
행여
그림자를 볼 수 없는
밤이 될까
두렵기도 하지만

그래도 우리는
먼 듯
가까운 듯
서로가 버팀목이다

동행

바람을 안고 가는
그대 그림자가 어른거린다

바람을 따라가는지
멈추는 듯
가는 듯
바람을 따라가는지

깊은 듯 얕은 인연이지만,
정을 섞고
느긋하게 산다

시샘하는 바람이
자꾸만 흔들어 대어도
어차피 우리는 동행이다

그냥 안아 주세요

허접하여 술 생각 꼬리 물 땐
인정이 고파서랍니다
목이 터져라 괴성 질러댈 땐
숨 막혀 죽을 것 같아서랍니다

그냥 안아 주세요

성난 사자처럼 짜증이 치밀 땐
아무도 내 편 없음이 두려워서랍니다
포악한 욕설로 게거품 북적일 땐
쌓인 한을 토해내는 발작이랍니다

그냥 안아 주세요

허깨비 좇아 미친 듯 달아날 땐
초라한 자신이 미워서랍니다
방탕한 몸 휘청이며 돌아올 땐
그대 품이 그리워서랍니다

그냥 안아 주세요

제3부

목척교 연가

간이역

구름이 머무는 고개

작은 역에서

낡은 시간을 본다

내 얼굴을 만난다

목척교 연가

스무 살 아름답던 추억이
아직까지 목척교에 걸려 있다

부산 사투리와 대전의 반달이
목척교 위에서 만나
뜨거운 숨결을 뿜어내던 청춘이었다

오월의 장미보다 아름답다던
달콤한 속삭임도
향기롭던 그날의 눈빛도
흐르는 시냇물에 씻겨 흘러 흘러서
꿈에서나 반짝인다

난간에 앉아 바라보던 그때처럼
바람 몰고 달려오던 부산행 열차가
참아온 세월처럼
숨죽여 노래를 짓는데
〉

바람 따라 달려가던 진한 그리움은
한 방울 눈물이 되어
내 눈은 점점 흐려지는데

묻어 두었던 추억을 깨우며
산수(傘壽)의 들녘에 섰다

* 목척교 : 대전광역시 동구와 중구를 잇는 다리
* 산수(傘壽) : 80세

엄마 얼굴

달 속에 박힌
불룩한
엄마 얼굴 보고파라

눈에 고인 눈물방울
다 차도록
엄마 얼굴 보고파라

꿈에서라도 안기고 싶은
엄마 품속 그리워라

달 속에
눈물 속에
꿈속에
엄마 얼굴 보고파라

젖줄

땀이 마르지 않은
허리끈 사이로 피어난
소금꽃같이

허기진 배곯아 가며
세월의 마디에 감아 놓은
아기의 숨결
고된 엄마의 얼굴

젖줄 따라 피어오르는
그런 꽃, 아니던가

자식

비에 맞을까
바람에 스칠까
행여라도 돌부리에 넘어질까

봄, 여름, 가을, 겨울
달 소풍 갔던 어느 날이
별 소풍 갔던 어느 날이

재잘재잘 맴돌던 아이들이
풋풋하게 총총 박힌 추억들이
이제는
제 자식 낳아 집을 지었고

나는 느려지고 희미해졌어도
아이들 웃음소리가 생생하게 들리는
언제까지나
바늘 끝 보석 같은 자식

잎

모질게 부는 바람
우수수 쏟아지는 낙엽
몸을 가눌 수도 겨눌 수도 없이
슬픔을 안은 채
땅으로 떨어지며 말한다
더 늦기 전에 그리운 사람 만나
정을 나누고
살 냄새 맡으며
행복하라고
두런두런 새벽이 밝아오는데
자꾸만 말한다

줄 타는 놀이

줄 타는 놀이꾼이 되었다
이 줄에서 벗어나고 싶지만
가는 세월 내동댕이치고 싶지만
어쩌다 여기까지 왔는지
알 수 없다

제멋대로 가는 억울함도 있고
즐겨 놀다 보니 정지할 수 없이
가는 계절에 놀이꾼은
어제, 오늘을 등 밀려
따라가고 있다

돌아갈 수 없는 시간 1

윤기 나는 검은 머릿결이
바람결에 찰랑인다

봄꽃 몽실몽실 터트리며
걸어오던 소녀가
저만치서 손짓한다

가도 가도 닿지 않는 거리
돌아갈 수 없는 그 시절

돌아갈 수 없는 시간 2

물같이 흘러가는
세월 앞에서

지금의 이 자리를
미련 없이 물리고 싶다

소녀를 데려간 시간이
너무 얄밉다

돌아갈 수 없는 시간 3

끄트머리 난간에서
깊은 수렁으로
떨어질 것 같은
콘크리트 정글 속에서

잠을 자고
잠에서 깨는
오늘이 무상하다

해맑은 미소를
듬뿍 머금고
코발트 하늘 속에서
나를 돌아보고 있다

촌티학교

월요일 오후 2시가 되면
연필과 노트에 숙제한 시가 담긴
가방을 들고 걸어오는 촌티학생들

긴 장마에 코로나에 태풍에 폭염에
촌티학교 수업은 이어졌네

한 글자 두 글자로 만들어진 시 한 편에
삶의 굴곡이 담겨 있네

꾹꾹 눌러쓴 문장마다
긴 이야기가 길을 내듯 따라오네

꽃과 풀들 사이에서도
키 큰 나무에서도
시인의 꿈을 꾸네
〉

뒤돌아보는 페이지마다
그때의 눈빛이 머무네

연필 쥔 손끝 따라
인생을 노래하는
촌티학교 학생들이
줄지어 호수에 걸리네

추풍령에서 4

  내가 걸어온 길 위에서 어릴 적 추풍령역이 소환되고 있다. 완행열차에 앉은 교복 입은 소녀가 창밖을 본다. '묵어라, 괜찮다' 계란을 주던 아주머니가 내게 한 말이 지금까지 배부르다. 마을로 들어가는 다리에서 맞는 찬바람이야말로 손, 발, 눈, 코 다 얼어붙던 매서운 겨울.

  여름엔 다리에 거꾸로 매달린 박쥐 같은 아이들이 지금도 보고 싶은, 그 수많은 고개를 숨 가쁘게 넘어가던 그때, 언제나 열려있던 양철 파란 대문, 붉디붉은 진주를 품고 알알이 내어주던 석류나무가 한쪽을 지키고 살구꽃이 피는 4월이면 마당을 환하게 밝히던 주황빛 살구나무, 백일홍, 모란, 달리아, 애기나팔꽃 계절마다 몸을 풀던 우리 집. 처마 밑에서 대문 끝까지 판판하게 놓인 가지런한 돌들이며 우물가엔 보랏빛 창포, 푸성귀 풍성하던 텃밭까지 기별 없는 아버지는 늘 홀연하게 부재중이었다.
  〉

흙담을 월담하던 여름 내내 일렁이던 금낭화, 이만큼의 탱자 울타리는 가시를 달고 저만큼의 매화 울타리가 황금 같던 기억들, 뒤뜰엔 혹부리 영감님 같은 늙은 호두나무와 다람쥐를 키워 내던 논둑엔 버드나무가 춤추고, 마을의 안녕을 빌어주던 수호신 같은 느티나무, 부엉부엉 울어대면 호랑이가 불빛 따라온다던 아버지의 말에 무서워 울던 어린 소녀가 호롱불 석등 바라보며 바람에 떨던 그때. 저 멀리 상엿집까지 이어지던 우화 같은 곳, 사면의 각을 이루고 기차를 떠나보내던 급수탑이 있었다.

시장 가서 엄마와 함께 먹던 국수의 맛
버드나무 가지에 불 지펴
논둑에서 콩 구워 먹던 그때,
양 두 마리를 풀 먹이며
아버지 뒤를 졸졸 따라가던
그 어린 소녀가 이제 여든이 되었다.

추억의 향기

엄마처럼 접혀 있던 어릴 적 추풍령이
구름 속에서 그림같이 펼쳐집니다
교복 입은 소녀가 창밖을 바라보던 완행열차
'묵어라, 괜찮다'
계란을 손에 쥐여주던 말이 지금도 배가 부릅니다

박쥐처럼 거꾸로 매달린 남자아이들이
젖은 몸을 부끄럽게 감추던 여자아이들이
까르르한 웃음소리며 풍덩거리던 물소리가
불현듯 깨어나는 유년이 보입니다

언제나 너른 품으로 반겨주던 나무 대문
붉은 진주를 알알이 내어주던 석류나무
백일 내내 환하게 미소 짓던 배롱나무
모란 달리아 애기나팔꽃 백일홍 분꽃이
줄줄이 앞다투며 몸을 풀던 우리 집 마당

댓돌에서 대문까지 융단같이 깔아둔 넓적 돌
우물가엔 보랏빛 창포가 물을 머금고

탱자 울타리는 하얀 가시꽃을 달고
매화 울타리는 노란 꽃이 켜지던 곳

돌담엔 여름 내내 피고 지던 금낭화
뒤꼍엔 혹부리 영감 같은 호두나무가
논둑엔 밤나무며 살랑거리던 실버들

부엉이 뻐꾸기 우짖던 큰 산이며
산 밑 으슥하던 상엿집까지
괴화(怪火) 같은 도깨비불에 변소를 못 갔던
우화 같은 내 고향 풍경이
하늘에 뜬 별자리처럼 떠오릅니다

기적소리 울리며 떠나가던 그때 그 기차가
버드나무 가지에 불 지펴 콩 구워 먹던 그 맛이
홍자색 원피스를 입혀주던 산방꽃 같은 어머니가
농주 한 잔에 詩 한 수 읊조리던 대쪽 같은 아버지가
뭉클하도록 보고 싶은 오늘

홍매화 1

긴 겨울 기다림 끝에서
찬 기운을 머금고
곰살궂게 피어난 너

통도사 뜰 안을 밝힌다

대롱대롱 뱅그르르
매달린 풍경 소리가
저 하늘 멀리까지 퍼진다

홍매화 2

처마 끝 첫사랑은
얼마나 아팠을까

꽃과 나무와 옹이
그 구멍 속에서
다정하게 아주 환하게
가만히 그리운 너

분홍 봄
코끝에 닿은 향이
화자처럼 번진다

여인의 일생 같은
한 송이가 순결하게
꽃 잔 속에 물든다

영원히 꺼지지 않을 너

상사통 앓던
그 꽃불이어라

회고

여기, 나 살아있네
아들, 딸, 손주, 남편이 내 곁에서 웃네
詩 몇 줄을 엮어
한 편의 인생을 쓰고 있는
나는 이제야 고백하네

천둥과 비바람
낭떠러지 같은 세상 속에서
짠 기억과 쓴 상처를 끌어안고
가끔은 코미디처럼 모르는 척
잘 견뎌온 생애라네

'꽃잎편지'* 속에 담긴 꽃과 잎과
그리고 내가 가장 예뻤을
그때보다 지금이 더 좋다네
〉

괜스레 눈물이 흘러 피식 웃음이 나도
다 부질없음이라네

어릴 적 엄마의 꽃상여를 따라가던 그날처럼
이름 없는 꽃들 지천이면 그만인
어느 봄날에
꽃길 따라간 엄마랑 만나고 싶다네

오늘, 내가
살아있다는 것은 기적을 이룬 것이라네

* 꽃잎편지 - 김화자 시인의 1시집 제목

시인의 봄날

버스마다 올라가 보았지만
아무도 없다
일찍 왔는데 웬일일까
가슴이 뛴다

황혼의 나이가 출렁인다
흩어지는 바람 속에서
문학의 향기가 넘실대더니
애가 탄다

햇빛 한 줌 같은 연락이
택시를 부른다

누가 나를 부르는가?
서성이는 봄뜰에
꽃잎이 떨어진다
나부끼는 시의 영혼은
'나'다
〉

벌곡휴게소로 가는 길
저기 시인들이 보인다
기다려 주는 미안함에
목매게 하는 게 문학이다

실루엣 고운 슈트 속으로
37.5도를 품어 안는다

속 태운 시간이
핑크빛으로 물든다
연둣빛 얼굴도 반갑다
창밖을 스치는 생명마다
숨결을 불어 넣는다

진도를 휘돌아 온 벚꽃이 천지다
붉은 동백은 내 청춘이고
꽃대에 입을 맞추는
그야말로 봄날이다

아침을 맞는다

담 너머 고개 내밀며
어둠 속으로 별이 사라져 간다

세상을 향하여 불러도
벽이 막아 들리지 않을까,
마음의 빗장을 풀며
오히려 행복하다

쫑긋 귀를 세우고
입김으로 박꽃을 피우며
문밖에서 아침을 맞는다

몽글몽글한 아지랑이가 걷히고
한 줌 햇살이 자리를 옮겨가는
시간을 걸어가는
아침을 맞는다

저 산 너머에도
아침을 맞는다

시

너는 나의 삶에
힘을 주고
순간의 영감을 주고

찰나에도
지구를 돌 수 있는
맥박을 주었다

은밀히 말할 수 있는
멋진 친구이다
행복한 친구이다

홍시 하나

만월(滿月)에 기대니
동양화 한 폭이다

하늘에서 밧줄이 내려오듯
양철지붕 위에
홍시 하나

어느새 하늘과 땅 사이
태엽 풀린 고물 시계처럼
주름진 내가
가을 끝자락에 서 있다

돌담을 따라 돌아가면
노을빛 홍시 위로
어머니 부르는 소리 푸르게 내려앉는
마을 있었지

달 가운데 열려 있는 홍시를 보면
손닿을 듯 펄럭이는
유년의 가을

제4부

추풍령

곁에서 빛나는

앞이 보이지 않는 삶의
막막한 길에서도
눈 뗄 수 없는 날들이 있었네

그 이름을 부르며
50년 넘긴 부침(浮沈) 속에서도
연리지처럼,
해와 달처럼,
꼭 붙어 지나온 세월이었네

철 따라 피고 지는
꽃들의 향연,
그 곁을 스쳐 지나온
세월의 바퀴

폭풍우가 몰아쳐도 흔들리지 않는
당신이 있고
그 곁에 붙어 있어야 더 빛나는
나의 삶은 그림자였네

바람이 전하는 말

대전시 산성동에 아주 가끔은
남녘 바닷바람이 지나갑니다

창을 열면 우우 몰려와서
"뭐 할라고 대전까지 시집 왔노?
부산에는
니 맘에 드는 사내가 그리 없대?"
친구들의 볼멘소리가 들립니다

젖은 눈으로 귀를 막아도
"이제 부산에 와서 살믄 안 되겠노?
그리워서 미치겠데이
대전이 니 그리 좋노?"
저마다의 목소리가 옷자락을 잡습니다
〉

신나게 떠들다가
앵돌아져 돌아가는 바람을 향해

"내도 니들이 눈물 나게 보고 싶다
아들 장가갈 때
떼로 몰려와서 찍어 놓은
니들 사진을 보고 맨날 운다 아이가?"
물빛 그리움을 전합니다

우리의 봄날

아무도 없다
서성이는 봄뜰에
하느작하느작 꽃잎이 진다

실루엣 고운 슈트 속으로
한 줌 햇살이 스친다

휴게소에서 기다릴 테니
구름 타고 오세요
한마디에
속 태운 시간이 차렷하는데

향기 넘실대던 가슴에
잿빛 바람 재우고
황혼의 나이가 출렁거린다

벚꽃으로 활짝 피어나는
우리의 봄날

그 사람

까맣게 쌓인 세월에
마음 한 조각 닫아두고

미움도 그리움도 함께
껍질을 벗기네

생각마저 날아갈까 봐
젖은 가슴을 여미다가

수줍던 생각마저
바람결에 날리네

높고 멀리 새긴 이름
그 사람이 떠오르네

소나무 1

고고한 자태로 우뚝 선 너는
지구의 눈물로 태어나서
솔잎 끝으로 은구슬을 굴리며
그리움을 생성한다

메마른 세상 풍파 속에서
홀로 버티기는
너무 가혹한 시련
화산석같이 굳은 바위틈에
갈퀴 발가락을 세워
붉은 혈맥을 들어내면서
수없는 세월을 침식하더니
이제 돌아가는 길목에 서서
하늘만 알고 있는 마음을
누구인가
함께 정다운 이야기를 나누어라
〉

냉가슴 열꽃 피우다
깊은 골짜기 안개로 피어나서
긴 호흡으로
숨 막힌 세월을 허공에 풀고 있다

겨울 까치

꽁꽁 얼어붙은 까치 한 마리가
눈 속에 떨고 있습니다

빠져나가던 붉은 온기가
손끝을 찌르며
잃어버린 슬픈 날개를 감싸줍니다

축 처진 몸뚱이가
냉기를 머금고
생(生)의 언저리를 거두고 있습니다

나는 속이 까만 불덩이
세상은 차디찬 방
너보다 더 슬픈 나도 있다고
겨울 까치 바라보며
붉은 동백으로 피어나라, 말합니다
〉

햇살 좋은 흙밭에
양손을 부둥켜안고
비석 하나 심어줍니다

바람 따라 떠나가는 저 하늘에
눈물 꽃이 펑펑 울며 내립니다
흰 눈이 그리는 하얀 풍경을 바라봅니다

늦가을

하얀 뼈대를 세운 담장 마당귀에
계절을 잊고 침묵 속에 피어난
장미 한 송이
무심하게 지나가는 시선을 끌어당깁니다

가시도 없이
잎새도 없이
하늘 향해 높게도 피었습니다

마치 붉은 종처럼
꽃잎 몇 가닥을 끌어안고
빨갛게
꽃 몸살을 앓고 있습니다

찬란하던 한 시절이
불꽃같던 한 계절이
수군대듯 자꾸만 말을 겁니다

나는 지금 봄을 기다리는 거라고
희망을 달고 피어있는 거라고

〉
돌 속에 피는 꽃처럼
붉은빛을 태우는 저 몸짓이
살랑살랑 흔들리고 있습니다

하늘에 뜬 낮달도
참새 몇 마리도
서로를 불러 세우며 토닥이고 삽니다

찬바람 불어와
어둠이라도 내리면
호롱불 내건 듯
더 붉게 피어나기를
고층아파트 유리창 너머로
간절하게 바라봅니다

저 꽃불 같은 한 송이가
발걸음을 멈추게 하는
늦가을 오후에

소나무 2

어제 지나간 태풍이
홀로 버티기 힘겨웠는지
단단하던 팔, 가지가 찢겨졌다

강철 같은 바위틈 속에서
백 년도 더 버틸 기세였는데
고고한 그 자태가 꺾인 것이다

수많은 세월에 침식된 형태가
그럼에도 솔방울을 잔뜩 내딜고
수북하게 내려앉은 솔가지가 무덤 같다

천둥 번개 가라앉은 가지 끝에
하얀 백로가 앉아
평생을 휘돌아 온
초록의 기운이 그대로 서려 있다
〉

용트림하던 저 우뚝 선 몸피를 보라
언제나 변하지 않는다는 듯
긴 호흡을 허공에 풀어 놓는다

하늘과 맞닿은 그 마음을
내게 선물하듯
붉은 혈맥을 드러내고는
신비한 뿌리를 환생한 듯
자꾸만 밖으로 내놓는다

타들어 간 속내가 훤하게
솔잎 끝에 방울방울 맺힌
저 영롱함은
그 누구의 눈물이던가

구멍

비 오는 날에는
작은 구멍이 난
신발에
빗물이 들어온다

그대 향한 외로움이
젖어 들어
상처를 씻으며
우리 함께 살자 한다

빗소리 간지럽거든
소녀여,
내 마음처럼 반기렴

신발을 보며 인연을 생각한다

이것도 인연인 거라
몇 배나 될까,
그 몸의 무게를 지탱하며
거침없이 내달아야 하는 우리의
인연이 새삼스럽다

말하지도 않고
화낼 줄도 모르고
욕할 줄도 모르며
낡아서 버려져도
눈물 한번 흘리지 못하는

우리 인연은
한쪽 눈을 뜨고
한쪽 눈을 감아야 하는가
냉정함 속에서도
가슴을 열면 아니 되는가

갈꽃

아기 솜털같이 흔들린다
매끄러운 촉감
어느 여인의 머릿결일까,
그 몸결일까,
찾아 더듬는 손 아래
가냘픈 꽃으로 흔들린다

앵두를 보며

다 삭은 철대문 두 쪽
밤낮 열려 있어,
사람 하나
겨우 비집고 다닐 틈 사이로
앵두꽃은 아기가 된다
미풍에 벌떼 잉잉거리며
노랑나비 점박이는
봄의 귀한 손님이다
출산을 기다리는
저 집 저 대문,
녹슬어 그림자 생긴 틈에도
향기는 바람 타고 나든다

영산홍

붉은 미소로 대지를 깨우고
고운 입술은 맞닿아 속삭인다

저토록 아름다운 눈망울에
세상 꿈이 모두 들어 있다

흥겨운 축제 한마당
오월은 실바람에 깊어간다

부산에서 1

부산은 어머니다
사투리가 구수한 고향이다
바닷바람을 맞으면
어느새 갈매기가 된다

부산에서 2

KBS가 우뚝 선 복변산 자락
48계단을 오르내리면
소꿉친구 웃음소리가 들린다
"니 참 이쁘데이!"
까까머리 머스마가 서 있는 듯
가슴이 콩닥거린다
"니 어데 있는데?"
숲을 보며 한마디 건네지만
아는 체하는 나무가 없다

부산에서 3

자갈치시장 바람은
짜디짠 냄새가 난다

좌판에서 파닥이는 생선들이
옛 친구 같다

출항의 뱃고동 소리가
귓가에서 웅웅 맴돈다

부산에서 4

해운대 바닷가에서
한 움큼 모래알을 집는다
부끄러워도
수영복으로 갈아입고
거닐던 추억이 묻어 있다
아직도 파도는
하얀 물결을 흔드는데
친구들은 모두 떠났다
바닷가 모래알에서
친구들의 수다 소리가 들린다
그리운 사람들,
따사한 체온이 살아난다

부산에서 5

어릴 때 살던 동네를 찾아가 보았다
눈을 씻어 보아도
추억은 어느 곳에도 없었다
변신한 그곳에서
이름도 모를 사람들이 모여 살고 있다

* 어릴 때 살던 집은 연립주택으로 바뀌었다. 6차선 도로 건너에는 고층 빌딩이 **빽빽**하고

대전에서

한때, 뒷산 거센 바람과 함께
부엉이울음이
오케스트라를 연출하였습니다

긴 밤 메밀묵으로
출출한 배를 채우고
온기마저 사라진 방에서
어려운 겨울을 나기도 하였습니다

덜컹대는 바람이 무서웠습니다
올 사람이 없다고 믿으면서도
가슴만 설레게 하였습니다

제5부

시인의 산문

유년의 정원

하루에 두 번만 정차하는 추풍령역에 내렸다. 레일 위가 식은 듯 한가하다. 역 이정표가 다정하게 심심함을 대신해 준다. 번성했던 역전의 모습은 다 사라지고 사람도 몇 없다. 쓸쓸함이 감돈다. 택시 한 대가 추풍령을 찾아오는 손님을 기다리고 있는 풍경이 그나마 반가웠다. 역 앞에 정다방이 있고 파출소 옆으로 초등학교가 있고 광산여관은 폐가로 변해 잡초만 무성하게 을씨년스럽다.

내가 살던 집을 향해 걸었다. 햇살은 여전히 눈부셨다. 그 햇살을 그림자처럼 따라갔다. 추풍령 중학교가 눈에 들어왔다. 비탈진 언덕에 자리 잡고 시골 아이들의 꿈을 키워준 희망의 봉우리 같은 곳. 한때 꿈꾸던 내가 생각난다. 돈이 없어 고등학교에 진학 못하는 아이들을 위해 농고를 설립하여 무료로 공부를 시켜주고 싶었던 게 나의 꿈이었다. 가난한 아이들에게 꿈을 키워주고 싶었던 나의 포부를 품었던 곳이라서 그 학교를 오래도록 바라보았다.

다시 천천히 거닌다. 그때는 감나무와 사과나무가 가로수였다. 지금처럼 자가용이 없었던 시대라서 가로수 길을 따라 주어진 대로 걸어 다녔다. 골목을 돌자, 내가 살던 집이 그대로 드러

났다. 이 반가움이 향수이던가. 내 집인 양 망설임 없이 무조건 대문을 열고 들어서면서 인사를 건넸다. 이 집에서 살던 딸이라고 소개를 했다. 다행스럽게도 옆집에 어릴 적 친구가 살고 있어서 반갑게 인사를 두루 나눴다.

대문 왼쪽으로 큰 우물이 있고 그 옆으로는 목욕하는 돌 함지박이 있었다. 여름이면 한낮에 물을 퍼놓았다가 저녁에 미지근해지면 그 물로 목욕도 하고 채소도 씻고 겨울 김장철이면 배추도 절였었다. 다용도로 쓰였던, 아무리 써도 변질이 되지 않는 돌로 만든 크기도 한 함지박이었다. 그 옆으로 원두막 하나가 있었는데 양철지붕에 송판으로 지었다. 어른 두세 명이 들어갈 수 있는 아주 큰 둥근 가마솥이 있었는데 동네 사람들은 나무만 가져와서 그곳의 물을 끓여 사용하기도 했다.

집 귀퉁이에 화장실이 있었다. 안채를 향해 마당에서 화장실 쪽까지 비석돌이 징검다리처럼 놓여 있었다. 비가 내려도 신발에 흙 하나 묻지 않았었다. 그 돌이 다 사라져 버리고 없어졌다. 아쉽다. 마당 한가운데에는 내 종아리 굵기만 한 홍 배롱나무 한 그루가 참 환하기도 했었다. 여름 내내 꽃이 피고 지면서 백일 동안 집안을 향기롭게 밝혀 주었던 기억이 환하도록 떠오른다.

대문 오른쪽으로 석류나무가 담을 따라 있었고 양 두 마리, 닭 두 마리, 토끼 두 마리가 사이좋게 마당을 노닐고 단감나무,

호두나무, 월하감, 수수감, 따바리감 등 감나무가 종류별로 있었다. 포도나무 아래로는 돼지우리와 송아지 마구간이 있었다. 그리고 캄캄함을 밝혀 주는 석등이 탑 모양으로 있었는데 호롱불을 켜 넣으면 언제나 환한 것이 무섭지 않고 보기도 좋았다. 담장 너머 동산에 아주 커다란 거목이 있었는데 밤마다 부엉이가 와서 울고 1년에 한 번씩 새끼줄을 매고 흰 천을 꼬아 당산제 지내는 것을 나는 어릴 적부터 보며 자랐다. 부엌 앞으로는 설거지물을 버리는 골을 따라 토란과 보랏빛 난초가 줄을 서서 자라났고 그 옆 텃밭에는 온갖 채소가 쉼 없이 뒤바뀌며 열렸었다. 저녁이면 개구리 울음소리가 요란스럽게 합창을 하곤 했던 어릴 적 추억이 내 발걸음을 따라 속속들이 소환되고 있었다.

그 시절에는 라디오 있는 집이 몇 없었다. 우리 집에는 제니스 라디오가 있었다. 기찻길 옆으로 동네 길갓집이 우리 집이었는데 아버지는 마을 사람들이 라디오를 다 들을 수 있게 전신주를 마을 안쪽으로 높이 세우고 꽤 큰 스피커를 달아 두었다. 12시 5분 전이면 방랑 김삿갓이라는 방송이 시작되었는데 그때면 라디오 음량을 최대한 크게 키워서 마을 사람들이 다 듣도록 하셨다. 그때는 어려서 아버지의 마음을 알아차릴 수 없었는데 지금 내가 그 나이를 훌쩍 넘고 보니 아버지의 마음을 알고도 남을 것 같다. 자상하고 꼼꼼하셨던 아버지가 무척 그립다.

대청마루에 올라서니 부엌과 마루가 연결된 찬장에서 맛난 음식이 금방이라도 차려질 듯 옛 밥상이 생각난다. 엄마가 해준

밥은 언제나 맛이 달콤하고 따스했다. 안방 뒤쪽 뜨락에서 방문을 열면 찔레꽃, 매화꽃, 노란 탱자꽃이 지천으로 줄을 서서 울타리가 되어 주었다. 그 향기가 품어내는 사계절은 언제나 그윽했었다. 어머니의 미소 짓는 오월의 모습이 환장하게 떠오른다. 내가 쓰던 방에서는 고물고물한 나의 어린 시절의 이야기들이 키득거리며 즐비하게 달라붙고 있었다.

집을 나와 주변을 돌아본다. 어려서 보던 동네는 컸었는데 지금은 조용하기만 하고 몇 안 되는 사람들 풍경이 쓸쓸하기만 하다. 그래도 세월을 비껴간 풍경들이 간혹 반갑게 눈에 들어온다. 저녁 어스름 어둠이 내려오면 총총한 별들이 쏟아지던 그 반짝거림들, 지금은 수많은 별을 찾아보기 힘들 정도로 산업화의 발전 속에서 하늘이 많이 탁해졌다. 시대는 변했고, 사람도 변했다. 옛날 건물들이 제구실을 하지 못하고 멈춰 서 있다. 변하지 않는 것들은 자연과 내 마음속에 아른거리는 꺼지지 않는 추억들이다. 내가 잠시 멈춰서도 시간은 아랑곳하지 않고 흘러간다. 멈추지 않고 늘 그 자리에서 한결같이 그 모습을 보여주는 것들도 찾아보면 많다. 바람과 햇살이 둘이 되고, 산과 나무가 둘이 되고, 집과 사람이 둘이 되고, 나와 또 다른 나의 추억이 둘이 된다. 변하지 않는 자연의 이치다.

부엉이 소리를 들으며 무서워했던 어린 소녀가, 도깨비불이 무서워 화장실을 못 갔던 겁 많던 소녀가 인생을 돌고 돌아 내 삶을 다한 즈음에 내 고향을 찾아왔다. 추풍령 산맥 따라 세월 따라 여기까지 와 서 있다. 뒷동산 언덕을 지나가는 구름은 아직도 여전하다. 옛 모습들이 그대로 필름처럼 선명하게 그리움으로 밀려든다. 내게 남은 시간들이 다시 기지개를 켠다. 추풍령 고개 나의 옛집에서 나는 숨고르기를 한다. 아버지의 든든함이 어머니의 간절함이 형제들의 그리움이 내 안에 그대로 안겨 있다. 추풍령 숨결이 나를 다독여 준다.

  삶에서 가장 중요한 시기는 지금이다. 지금도 나쁘지 않다. 오월의 연둣빛이 싱그럽게 내 가슴을 적셔준다. 언제든지 또 오라며 웃어준다. 편안하다. 며칠 동안 풀죽어 있던 내 시간들이 하나둘 깨어나는 듯 힘이 난다. 추풍령 풍경이 이다지도 아름답다. 내 유년의 페이지가 책 한 권의 분량으로 넘어간다.

  추풍령 이곳에 서면 금방이라도 엄마가 불쑥 나타날 것 같고, 오빠가 날 찾는 소리가 들릴 것도 같고, 보고 싶은 사람들이 여럿이 몰려와 내게 이야기하자고 줄을 설 것 같다. 내가 살던 고향, 나를 부르는 고향이 이렇듯 가까이 있다. 자주 돌아보리라.

엄마 없는 일곱 살

　꽃무늬 두루마기를 입은 여자가 인력거에 앉아 있다. 매무새가 화려하다. 지게꾼이 이불 봇짐을 지고 뒤를 따라온다. 잉크색 옷자락을 팔랑거리며 우리 집에 들어오던 새엄마가 떠오른다. 죽은 깨가 많은 얼굴에 빨간 댕기 비녀를 꽂은 모습이 어렴풋하다.
　일곱 살 나는 예쁜 새엄마가 좋았다. 돌아가신 엄마를 그리워하며 슬퍼하기에는 세상을 알 수 없는 너무 어린 나이였다. 아버지는 벌목업을 했는데 일주일에 한 번씩 집에 들어왔다. 열여섯 살 언니와 열두 살 오빠, 네 살 여동생과 여섯 식구가 추풍령 우리 집에서 함께 살았다.

　그때 당시 우리 집에는 쌀보다도 국수가 더 많았다. 아버지는 양념간장에 국수 한 그릇이면 만족하게 한 끼니로 식사를 하셨다. 아버지가 집에 없을 때도 새엄마는 매일 국수만 주고 밥은 주지 않았다. 밥을 먹고 싶었지만, 나는 새엄마에게 밥 달라는 소리를 하지 못했다. 싫증이 나서인지 서글퍼서인지 지금도 국수를 먹을 자리가 생겨도 나는 국수를 먹지 않는다.

　새엄마가 들어온 지 몇 개월이 지났을 때 아버지는 갑자기 언니를 시집보냈다. 나에게는 언니가 엄마 같은 존재였다. 나는 동생을 데리고 양지바른 담벼락에 쪼그리고 앉아 동네 어귀를 바라보며, 금방 올 것만 같은 언니를 기다리며 많이도 울었다. 어린 나이였지만 동생과 나는 둘이라서 그나마 외로움을 달랠 수 있었다.

　불행은 겹쳐서 온다고 했던가. 얼마 후 우리 가족은 뿔뿔이 헤어졌다. 오빠와 여동생은 추풍령 작은 아버지 댁으로 갔고, 아버지는 나만 데리고 새엄마와 함께 포항에 있는 작은 바닷가 마을로 이사를 했다. 지금 생각해 보면 유독 나만 데리고 간 것은 새엄마가 집안일을 시키려고 그랬던 것으로 짐작이 된다. 오빠와 동생과의 갑작스러운 이별이 어린 나로서는 달랠 수 없는 큰 외로움이었다. 밤이면 밤마다 오빠와 언니가 보고 싶어 매일 울었다. 혼자 있게 된 그때부터 돌아가신 엄마가 너무 많이 그리웠고, 세상에 없는 엄마를 마음속 깊이 담고 살았다. 지금도 그때처럼 엄마가 보고 싶다.

　바닷가 작은 마을에서 파도 소리를 처음 들었다. 나는 그 소리가 무서웠다. 아버지가 없는 집도 편하지 않았고, 오빠와 동생이 없는 집은 남의 집처럼 불편했다. 이제나저제나 오빠와 동생 생각만 하면서 하루하루를 보냈다. 한두 달쯤 지났을까. 오빠와 동생이 찾아왔다. 나는 뛸 듯이 반가웠고, 오빠와 동생과 하룻밤을 같이 지냈다. 꿈같은 시간이었다. 만남도 잠시 이튿날, 나는 오빠와 동생과 울면서 헤어졌고, 며칠이 지나고 나는 아버지와 새엄마를 따라 밀양 얼음골로 또 이사를 했다. 지금 생각해 보면 아버지는 새엄마를 이기지 못하고 새엄마의 뜻대로 따라갈 수밖에 없었으리라. 오빠와 동생이 찾아온 후 또 찾아올까 봐 다른 곳으로 이사를 한 것은 아닐까 싶다. 그저 나의 짐작일 뿐이다. 힘들었을 아버지의 그 마음도 헤아려진다.

    얼음골 밀양, 산 아래 작은 마을이 있었고 길옆으로는 시냇물이 흘렀다. 해가 유난히 빨리 지는 산골 마을이었다. 겨울이면 추위도 몹시 혹독했다. 아침에 일어나면 요강과 걸레를 들고 집 앞에 있는 시냇물로 가는 것이 나의 일과였다. 꽁꽁 얼어붙은 시냇물에 빳빳하게 차가운 걸레를 빨아야 했다. 어린 일곱 살 소녀였던 나는 새엄마가 무서웠을까. 엄마도 아버지도 오빠도 언니도 동생도 없었으니 얼마나 두렵고 외로웠을까. 가슴이 먹먹하다.
    고사리 같은 손으로 잔돌을 주워 얼음을 깨야 했다. 어떡해서든 구멍을 뚫어야 했다. 얼음은 쉽게 깨지지 않았고, 걸레를 빨고 요강을 씻어내야 집에 들어갈 수 있다는 부담감이 나를 울게 했다. 더 큰 돌을 찾아 얼음판을 내려치고 또 치다 보면 겨우 아기 손만 한 구멍이 생겼다. 그 속에 손을 넣어 걸레를 빨고 요강을 씻었다. 깨진 얼음가시에 살갗이 찔리면 피가 났다. 그럴수록 얼음 속에 손을 넣는 것이 너무 싫었던 기억이 지금도 그대로 전해진다.
    온몸에 감각이 없어지는 느낌을 아는가. 피가 나고 쓰리고 따갑고 아팠다. 어린 입김으로 달래던 통증이 인다. 어린 손이 아리게 떠오른다. 상처 난 손에 반창고 하나 붙이지 못했다. 얼음가시에 찔린 상처가 덧나서 살이 벌어져 흰 뼈가 보였다. 욱신

거렸다. 설거지도 해야 했고, 걸레도 빨아야 하고 요강도 씻어야 하는 나는 손을 보호할 여유가 없었다. 무명실로 상처 난 손가락을 ×자로 칭칭 감고 또 감았다. 얼마나 감았으면 피가 통하지 않아 손가락이 시퍼렇게 변했다. 잊을 수 없는 상처가, 그때의 흔적이 새끼손가락 첫 마디에 아직까지 남아 있다. 만지면 눈물이 뜨겁게 흐른다. 매일 밤 엄마가 생각났다. 아픈 만큼 보고 싶었다. 엄마 품에서 응석 부릴 일곱 살 아이가 안쓰럽다.

또 다른 기억 하나가 걸어 나온다. 보리가 노랗게 익어 가던 때, 나는 장티푸스를 앓았다. 몸에서 열이 났고 토하고 설사까지 했다. 새엄마는 그런 나에게 약도 주지 않았다. 뒷산 그늘이 집 마당에 내려와 그림자처럼 서 있었다. 하염없이 바라보고만 있었다. 일어날 힘도 없었고 말할 기운도 없었다. 마당 한켠 감나무 위에서는 까마귀가 무섭게 울어댔다. 그렇게 며칠을 앓았던 것 같다.

새엄마가 나를 부르더니 나에게 돈을 줬다. 병을 앓던 기분 때문인지 얼마였는지 생각나지 않는다. 나가서 과자 사먹고 오래 놀다 오라며 밖으로 다급하게 내밀었다. 나는 밖으로 나와 친구네 집 마루에 힘없이 누워 있었다.

다 저녁이 되어 할머니가 나를 부르며 급하게 걸어왔다. 그 할머니는 옆에 살고 있던 새엄마의 엄마였다. 할머니는 내 손을 붙잡고 집으로 갔다. 집이 이상했다. 방과 부엌에 있던 물건들이 하나도 없이 집이 텅 비어 있었다. 아궁이 앞에 우리 엄마 사진이 깨진 채로 널브러져 있었다. 나는 울고 말았다. 엄마 사진을 바라보며 울기만 했던 기억이 또렷하다. 새엄마가 동네 아저

씨하고 우리 집에 있는 물건을 몽땅 구루마에 싣고서 도망을 간 것이다. 다음 날 아버지가 집에 오셨고, 아버지는 정신 나간 사람처럼 몇 날 며칠을 새엄마를 찾아다녔다. 아버지는 새엄마를 찾지 못했다고 했다.

아버지는 벌목장 일을 하셨고, 며칠에 한 번씩 집에 들어왔다. 아버지가 집에 없을 때마다 새엄마는 동네 남자들과 화투도 치고 방에서 놀기도 했고 웃기도 했다. 나한테는 항상 밖으로 나가 놀라고 했고, 집안일을 시켰다. 새엄마는 나를 때리거나 욕설을 퍼붓지는 않았으나 엄마처럼 나를 챙겨주지는 않았다. 어린 나는 그런 엄마라도 필요했던 걸까. 새엄마가 나를 떠날까봐 항상 노심초사했었다. 어린 그 마음이 슬프게 조여 온다.

아버지는 새엄마가 떠난 후 어떤 결심을 하신 걸까. 아버지는 우리를 돌보셨고 집을 지키셨다. 작은 집에 있는 오빠와 동생이 왔고 우리 삼 남매를 데리고 아버지는 추풍령 우리 집으로 돌아오게 되었다. 밥을 먹지 않아도 좋을 만큼 그만큼 행복했다. (그때 내가 몇 살이었나?)

햇빛과 바람이 좋은 집, 엄마 냄새가 감도는 집, 얼음가시에 찔리는 일도 없고 걸레를 빨지 않아도 되었다. 큰 나무 그늘도 무섭지 않았고, 하늘의 별을 보면서 동생과 도란거리며 얘기를 할 수 있었고, 화장실 갈 때에도 무섭다고 아버지를 깨울 수 있었다.

지금 내 나이 팔순을 바라본다. 어제 저녁에 무슨 반찬을 먹었는지 가물가물하게 자꾸만 기억이 희미해져 간다. 건망증인지 치매 증상인지 그다지 중요하지 않다. 그런데 이상하게도 엄마 없는 일곱 살 어린 나의 모습은 갈수록 더 또렷하게 떠오르고 그때 그 시절이 그립다. 그렇다. 새끼손가락을 만지작거리면 얼음 깨던 일곱 살 내가 나를 보고 웃고 있다. 일곱 살 어린 내가 보고 싶다. 온몸 구석구석 안아주고 싶다. 저 멀리서 일곱 살 어린 내가 뛰어오고 있다. 내 품에 꼭 끌어안는다. 엄마처럼 따뜻하다.

도깨비불

　고목꽃이 피었다. 작고 잔잔한 나무들이야 숲에 가려져 잘 보이지 않지만, 큰 고목은 한눈에 알아볼 수 있다. 향기는 없지만 왠지 커다란 꽃 같은 기분으로 바라보았었다. 아름드리 큼지막한 고목은 내 눈에 때로는 아버지처럼 가끔은 무서운 귀신이 머무는 나무라고도 기억되고 있다.

　추풍령은 고개 높이 221m이며 소백산맥과 노령산맥의 분기점으로 금강과 낙동강의 분수령이다. 지금도 경부선 철도에 추풍령역이 있고, 경부고속도로의 중간점으로 우리나라 최초의 고속도로 휴게소였던 추풍령휴게소가 있다. 내가 중학교 2학년 때로 기억된다. 방학이면 추풍령에 갔었다. 우리 집 뒤쪽에 있는 추풍령 서쪽으로 성계산이 있다. 그 산 아래 우리 동네가 있고 동네를 둘러싸고 커다랗고 큰 고목 한 그루가 있었다. 그곳에서는 항상 천왕제를 지냈다. 밤이 되면 그곳 커다란 나무에서 부엉이가 부엉부엉 하고 울어 얼마나 무서웠는지 모른다.

　나는 어릴 적에 엄마가 일찍 돌아가시고 새엄마가 계셨다. 어느 날 하루는 새엄마가 쪄준 감자를 먹고 배탈이 났었는데, 그날 밤 배가 아파서 화장실에 가려고 방에서 대청마루로 나왔다. 부엉이는 부엉부엉 우는데 밖은 칠흑 같은 어둠이 캄캄했다. 우리 집은 대지가 600평이 넘는 큰 집이었는데 집이 커서인지 화장실도 얼마나 멀었는지 모른다. 저 멀리 보이는 화장실을 가려고 마음먹었으나 도무지 무서워서 갈 수가 없었다. 그 이유는 지금도 환히 머릿속에 떠오르는 도깨비불 때문이다. 그날 내가 본 것은 성계산이 있는 그 산에서 코발트 색깔 같은 푸른 불빛을 한 불덩어리였다. 마치 횃불처럼 이리 날아가고 저리 날아가고 하는 것이다. 그 불빛이 너무 무서워 화장실에 갈 수가 없었다.

참다 참다 발만 동동거리다가 참지 못한 나는 마루에 놓인 요강에 설사를 한 후 내가 쓰는 책받침으로 불안스럽게 덮어놓고서야 나는 어쩔 수 없어 그만 잠이 들어버렸다.

아침에 일어나 보니 해는 중천에 떠 있고 그 어린 나이에도 새엄마라는 어려움이 있었는지 혼날 것을 염려했는지 요강을 이리저리 두리번거리며 찾았으나 마루에 요강은 없었다. 샘에 가보니 요강이 깨끗하게 비워져 맑은 물이 한가득 담겨 있는, 이미 누군가 비운 상태였다. 아버지셨다. 아버지는 새엄마 눈치를 보셨는지 그것을 직접 치우고 깨끗하게 비워 놓으셨던 것이다. 어린 나이에도 돌아가신 엄마도 곁에 계신 아버지도 낯설고 어렵기만 한 새엄마도 내 머릿속을 복잡하게 만들곤 했었다.

나는 성계산을 바라보며 어젯밤에 보았던 그 불빛을 떠올렸다. 산은 아무 일도 없었다는 듯이 초록의 신록을 발산해 주고 있었다. 산은 내게 엄마처럼 나를 품어 안아 주기도 했었다. 나는 아버지에게 어젯밤에 있었던 이야기를 했더니 아버지는 내게 말씀하셨다.

"도깨비불이 많이 무서웠구나!" 하시면서 그래도 그 도깨비불처럼 생긴 것은 너를 절대 해치지 않으니, 앞으로 화장실에 가는 일을 무서워하지 말라고 거듭거듭 말씀하셨다.

그 이후에도 나는 계속 도깨비불 때문에 무서워서 화장실을 못 가고 요강을 이용할 수밖에 없었다. 그럴 때마다 아버지께서 새어머니 몰래 요강을 깨끗하게 부셔 놓으셨다. 그때 아버지께선 어떤 심정이었을까. 지금에서야 헤아려 본다. 참으로 뭉클하다.

도깨비불 이야기만 나오면 나는 엄마 생각이 더욱 많이 그리웠다. 그 도깨비불이 우리 엄마가 오시는 길을 환하게 비춰주면 무서워서 못 오시려나, 밝아서 오시는 길이 좋으려나 이런저런 갈등 속에서 어린 나는 생각을 많이 했었다. 밤마다 도깨비불이 무서우면서도 호기심과 신기함과 궁금하여 대청마루에 나가 엄마를 그리워하며 그 도깨비불을 바라보다가도 무서움에, 때로는 그리움에 으스스 떨었던 기억이 지금도 어제 일처럼 또렷하다. 그 어린 나이에도 밤만 되면 환하게 나를 찾아올 것 같은 엄마의 얼굴이 그리워서 그랬을 것이다.

몇 달 전 무궁화호를 타고 추풍령역에 갔었다. 내가 살던 집터를 이리저리 둘러보며 그리움에 눈물이 고였다. 마당에 아직도 뿌리를 내리고 피어 있는 풀이며 꽃들이 나를 대신 반겨주었다. 내 나이 고희가 훌쩍 넘은 나이에도 하나둘 어느 것 할 것 없이 기억이 새록새록 꽃처럼 피어난다. 먼 산을 바라본다. 지금도 도깨비불이 나를 뒤따르는 것 같았다. 이상하게도 하나도 무섭지 않았다. 그 어릴 적엔 왜 그렇게 무서웠을까? 그 시간이 그립다.

이제 도깨비불을 벗 삼아 화장실도 끄떡없이 갈 수 있을 것 같은데 그렇게 무섭던 무서움이 다 사라져 버렸는데 도깨비불도 나타나지 않고 칠흑 같은 어둠도 없고 요강을 비워 주시던 아버지도 낯설고 어려운 새엄마도 계시지 않는다. 그저 그분들을 그리며 지금도 나는 얼굴이 어떻게 생겼는지 기억나지 않는 우리 엄마가 너무도 보고 싶다. 그때처럼 엄마가 더 그립다.

꿈속에서라도 단 한 번만이라도 우리 엄마의 얼굴을 내 가슴에 담아보고 싶다.

내 기억 속 풍경

하얀 목련꽃이 등불처럼 피어난 봄, 겨우내 꽁꽁 얼어 있던 생명들이 앞다투어 옹기종기 분홍을 매달고 있다. 꽃들이 피고 지고를 반복하면서 연둣빛으로 산과 강을 물들인다. 수런수런 봄의 소리가 들린다.

어언 60여 년의 세월을 거꾸로 돌려 그 아름다운 추억 속으로 나를 데려간다. 풋풋하고 생기 넘치던 시절, 부산에 있는 남성여고 교정은 언제나 시끌벅적했고 발랄한 청춘들이 꿈으로 넘실거렸다.

"조용한 강물처럼, 부지런한 꿀벌처럼, 정다운 비둘기처럼" 지금도 우물거리다 보면 술술 나오는 학교의 교훈이다. 나의 여고 시절은 말 그대로 자신만만했으며 뭐든 도전할 수 있었고 한없이 재미있었다. 지금도 가끔 부산행 기차를 타고 친구들을 만나러 갈 때면 그때처럼 설렌다. 동창회에 나가서 학교 소식을 접할 때면 마치 내가 그때 여고 시절로 돌아간 것처럼 앳된 소녀가 되곤 한다.

그러나 현실을 직시하게 될 때가 많다. 인생의 여정 속에서 작년에 만났던 친구들을 올해는 볼 수 없고, 몇 달 전에 봤던 친구가 이 세상을 등지기도 하고, 갑자기 병들고 쇠약해져 요양병

원으로 가는 친구들이 늘어나고 있다. 친구들의 부고 소식을 접할 때면 한없이 덧없고 슬퍼진다. 왜 아니겠는가. 나이가 팔순이 넘었으니 말이다.

남성여고는 1941년 김길창 목사님으로부터 설립되었다. 부산의 여성 교육이 낙후된 것에 관심을 갖고 '경남성경학교'라는 이름으로 출발했다. 흔히들 오해를 하기도 하지만 남성을 의미하는 남(男)자가 아니고 남쪽의 별이라는 뜻을 가진 남성(南星)이다.

우리 학교는 복병산 중턱에 있어서인지 마치 자연 속에서 숨 쉬는 교육 공간 같았다. 녹색 건물이 상징적이었으며 학교 위에 KBS 부산방송국이 있었다. 학교에 갈 때는 매일같이 40계단을 올라갔다. 산을 깎아 지은 학교라서인지 미로처럼 좁은 길이 유독 많았다.

남성여고 교복은 디자인이 특이했다. 하얀 스포츠 칼라에 180도 플레어 녹색 치마가 참 예뻤다. 그때 교복을 입고 찍은 사진을 요즘 들이 자주 들여다보곤 한다. 저절로 미소가 지어지며 그때 그 시절이 퍽 그리워진다. 머리는 귀 뒤로 넘겨 1학년은 1㎝, 2학년은 2㎝, 3학년은 3㎝로 단발머리를 해야 했다. 이마에 내리는 애교머리는 무조건 단속 대상이었고, 치마도 360도로 고쳐 입으면 규율에 걸렸다. 머리도 치마도 가차 없이 가위로 잘려 나가는 엄한 규율이었다.

남성여고는 배구부로 유명했다. 유명한 선수들을 많이 배출했으며 지금도 배구부로 명성을 날리고 있다. 나는 체육부였고 달리기 선수로 나가기도 했으며 운동을 좋아하고 학급 일에 앞장서는 명랑한 학생이었다.

여름방학 전 시험 보는 날이었다. 나는 대학 진학반으로 '진' 반이었다. 남성여고는 숫자로 반을 정하지 않고 한글로 진, 선, 미, 우, 애… 등으로 명명했다. 우리 학교는 기독교 학교라서 월요일 첫 시간은 무조건 예배 시간이었다. 두 친구와 예배 시간에 몰래 빠져나와 뒷산 언덕에 놀러 갔었다. 풀 속에 앉아 하얀 교복이 풀물이 들었던 기억에 웃음이 절로 나온다. 결국 선생님께 들켜 교무실에 불려가 벌을 받았고, 복도에 무릎 꿇고 양팔을 들고 1시간 벌을 섰었다. 그래도 뭐가 그리 재미있고 좋았던지 킥킥거리며 웃고 또 웃었던 기억에 그때의 청춘에 흠뻑 젖어본다.

나는 초량 4동에 살았는데 물론 언덕 마을이었다. 한국전쟁으로 피란민이 밀집해서 살아온 마을이다. 오갈 데 없는 수많은 피란민이 우글거리며 서로 섞여서 살았다고 볼 수 있다. 부산은 바다로도 유명하지만, 산과 강이 있어서도 아니다. 전쟁 속에서 막다른 최후의 땅이었고 절박한 삶으로 이어진 터전이기 때문이다. 판잣집이나 움집을 짓고 사는 사람들이 거의 대다수였다. 근처에 큰 동양고무 공장이 있었는데 신발 공장이었다. 그곳은 사람들의 일터였으며 그나마 일거리가 있어 많은 사람이 먹고 살 수 있는 계기가 된 곳이다. 우리 집 건너편에는 공동묘지가 있었는데 밤이면 늑대가 아기 울음소리를 내기도 했고, 여우가 캥캥 울기도 했다. 그러나 이상하게도 무섭지 않은 이유는 워낙 사람들이 많고, 밀집해서 살았기 때문이라고 생각한다. 계곡이 깊어 장마철이면 물이 콸콸 내려오기도 했다.

　또, 초량에는 산복도로가 있다. 산복도로에서 계단 아래로 보이는 주택가는 그야말로 다닥다닥했다. 우리 아버지, 어머니들의 힘든 인생을 엿볼 수 있는 오랜 풍경이기도 하다. 청마 유치환 우체통 전망대도 관광객이 많이 찾는 곳으로 유명하다. 복병산 배수지를 지나 동백나무를 따라 오르면 나무 사이로 부산 바다가 보인다.
　복병산을 지켜주는 팽나무는 또 어떠한가. 나라의 큰일이 있을 때마다 징소리를 내며 운다는 신성한 나무로 칭한다. 그 아래로 보이는 영도다리며 부산항이며 푸른 바다 위에서 그 옛날 뱃고동 소리가 들리는 듯하다. 그리운 추억의 장소이다.

　부산에서 성장한 한 시인은 『산복도로에 쪽배가 떴다』라는 시집을 내기도 했다. 물 한 동이를 길어오기 위해 하루에도 몇 번씩 산을 오르락내리락했을 그 고단한 길이 충분히 느껴지고도 남는다.
　복병산 정취가 눈에 들어온다. 산기슭 풀 냄새가 물씬 풍겨온다. 산새 소리가 귓전에 맴돌며 내게 노래를 하며 말을 거는 것 같다.

　옷장에서 가장 봄다운 실루엣 고운 원피스를 꺼낸다. 오래 아껴둔 스카프도 준비한다. 화사한 립스틱도 가볍게 바른다. 윤기

잃은 머리카락은 가지런히 모아 오일을 바르고 꽃핀 안으로 모은다. 무겁지 않은 작은 가방을 어깨에 멘다. 초량이 좋아 나들이 갈 채비하는 늙은 시인의 모습이 제법 근사하지 않은가. 거울에 비치는 하얀 스포츠 칼라에 녹색 치마, 남성여고 교복을 입은 내 모습이 활짝 웃으며 오버랩 된다. 그렇게 내 기억 속 풍경 안에 오래 머물고 싶은 것이다.

금반지의 기억

늦은 밤 똑딱똑딱 시계추 소리가 정적을 깨우더니 나를 오랜 시간 전으로 데리고 간다. 먼 곳에서부터 엄마의 소리가 들리는 것 같다. 나는 엄마가 둘이었다. 나를 낳아 준 엄마와 나를 길러 준 엄마! 엄마라는 존재는 그늘 같은 존재고, 그저 한없이 편하고 의지할 수 있는 든든한 영원한 안식처 같은 곳이다. 그런 존재가 나에게는 불행하게도 내가 살아오는 동안 내내 두 엄마의 자리는 늘 부재중이었다. 두 엄마와 그때 그 시절이 까만 밤 속으로 떠오른다. 내 나이 10살 때 6.25 전쟁이 났다. 10살 때의 일이 상처의 꽃처럼 피어난다.

몹시 추웠던 한겨울로 기억된다. 먹을 것이 없어 언니 집으로 돈을 얻으러 가는 길이었다. 유천역에서 기차를 타고 대구까지 가서 기차를 갈아타고 김천역에 갔다. 지금처럼 복선이 아니고 외선이라 대구에서 갈아타야 했다. 아침 일찍부터 밥도 먹지 못하고 옷도 무명옷이었고 신발도 고무신을 신었었다. 날도 춥고 배가 많이 고팠는데 저만큼의 앞에서 누덕누덕 덮어쒸운 단지에 김이 모락모락 나는 팥죽을 팔고 있었다. 그때의 그 팥죽은 지금도 잊을 수 없을 정도로 애달프다. 그 얼마나 배가 고팠으면 그 얼마나 먹고 싶었으면….

서성이다 그러다 저러다 열차가 들어와 나는 기차를 탔다. 사람의 온기 때문에 몸이 따스해지는 것 같았다. 김천에서 바로 내려 직지사봉까지 걸어가야 했다. 내 기억으로는 25리는 되었던 것 같다. 야산과 허허벌판을 지나 언니 집에 도착했다. 고생 끝에 찾아갔지만, 돈을 얻지 못하고 언니가 해주는 따끈한 밥 한 그릇 먹고 언니가 만들어준 주먹밥 몇 개 꽁꽁 싸서 돌아왔다. 그래도 언니의 존재가 있어 외롭다는 생각보다는 든든했다.

어찌된 영문인지 며칠이 지나 언니가 우리 집에 와서는 언니네 집에 가자는 것이다. 영문을 알 수 없었으나 나는 언니를 따라나섰다. 언니는 언니가 먼저 집에 도착해야 한다는 말을 하고서는 언니는 직지사에서 내리고 나는 김천에서 내렸다. 손과 발, 귀까지 다 얼어서 도무지 감각이 없었다. 그래도 걸었다. 방법이 없었다. 추운 야산 모퉁이를 돌아서는데 중년 어떤 아저씨가 자전거를 타고 지나가다가는 나에게 물었다.

"이렇게 추운데 너 혼자 가는 건가?"

나는 대답 대신 고개만 끄덕였다. 나는 울면서 봉계 손씨네 집에 간다는 말과 함께 울어버렸다. 그 아저씨는 나를 자전거 뒤에 태워 언니네 집에 있는 마을에 데려다주셨다.

싸립문을 열고 들어섰다. 한 할아버지가 마당에, 할머니는 부엌에서 무언가를 하고 계셨다. 그러고는 나를 분명히 봤는데도 본체만체하셨다. 나는 마당에 그냥 우두커니 서 있었다. 할아버지가 뒤늦게 방에 들어가라고 해서 방에 들어갔다. 꽁꽁 얼어붙은 몸을 그때서야 따끈한 아랫목에 앉아 몸을 녹이고 있었다.

언니가 나보다 뒤늦게 왔다. 언니는 들어오자마자 장롱 서랍에 있는 반지를 찾았다면서 호들갑을 떨었다. 그날 이후부터 어린 나이지만 가만 생각해 보니 내가 반지를 훔쳐 갔다고 생각하고는 나를 먼저 보낸 것이었다. 언니는 시어머니와 다툼이 있어 내가 훔쳐 갔다고 한 것인지 나는 도무지 알 수 없는 일로 그날 이후 나쁜 기억으로 남았다.

보지도 만져보지도 못한 금반지를 나에게 가져갔다고 말하는 언니가 나는 너무 무섭고 원망스러워 울기만 했던 기억뿐이다. 언니는 수수께끼가 풀렸다는 듯 아무렇지도 않게 나에게 깊은 상처만 남겨놓고 나를 우리 집에 데려다줬다. 그 이후부터 지금까지 알 수 없는 금반지 사건에 대한 기억이 내 가슴과 뇌리를 떠나가지 않는다.

고되었던 시절 엄마 없는 하늘 아래 어린 나는 언니와 어른들이 만들어 놓은 관계에서 씻을 수 없는 아픈 상처를 안고 살아야 했다. 세상을 다 살아온 지금도 그날의 기억을 떠올리면 나를 낳아준 엄마가 살아 계셨더라면 이렇게 서글프거나 억울하거나 울며 지낸 세월은 없었을 것이다. 나는 지난 세월을 혼자 견뎌내야 했다. 단 한 번만이라도 꽁꽁 얼어붙은 내 상처를 내 아픔을 내 서러움을 따스하게 만져줄 수 있는 어머니의 손길을 느껴봤으면 내 설움이 숫눈 녹듯 녹아내릴 것이다.

그 시절은 누구에게나 사소한 일이나 감정이 개입된 일까지 휘몰아치는 가난과 배고픔, 외로움 따위에 견뎌낼 수 없는 일들이 많았을 것이라고는 상상이 간다. 언니까지도 그러했으니, 아무에게도 어떤 말도 할 수 없었다. 그저 속으로 삭이며 살아가는 방법으로 살아왔던 잠깐의 시간이 슬프고도 가슴 아프다. 세상에 태어나 가장 그리운 건 엄마였다. 엄마라는 이름만이 나를 깊도록 그립게 했다. 나는 그런 일이 있고 난 이후부터 사람들과의 관계와 인연을 중요시 생각하며 주의한다. 엄마와의 인연, 언니와의 관계, 내가 만났던 사람들과의 인연 속에서 참 좋은 일들도 많지만 묘하게 이해가 안 가는 일도 있고 너무 가슴 짠한 일들도 많다.

  나는 생각한다. 내가 살아가는 동안에 사람들과는 좋은 기억만 가지려고 노력한다. 아픈 기억이 있어서 더욱 그럴지도 모르겠으나 지금 이 나이가 되고 보니 이해도 가고 시절의 아픔도 껴안고 가야 하는 상황도 있다. 살아가면서 나쁜 기억보다 좋은 기억을 많이 남기고 싶다. 그러므로 항상 사람들과의 만남을 행복하게, 관계를 소중하게 또 다른 사람도 있는 우리네 인생사이기에 그저 조심하며 그래도 내 가슴에 끌어안으며 살아가고 있다. 내 주변의 사람들에게 소중한 사람으로 기억되고 싶은 것이 나의 바람이기도 하다.

  내가 금반지에 대한 나쁜 기억이 있지만 이제는 그 기억을 지우고 좋은 기억만 떠올리며 살고 싶다. 내가 사랑하는 사람들과 내가 좋아하는 사람들과 나를 둘러싼 모든 사람과 이 세상 끝까지 행복하고 소중하게 살아갈 것이다. 내가 떠난 뒤에도 '아! 참 좋은 인연이었구나!' 느낄 수 있는, '참 따스한 사람이었구나!' 기억될 수 있는 한순간 한순간을 소중히 여기고 감사하며 살고 싶다.

지금 나를 돌아보며 나쁜 기억은 다 잊고 좋은 기억만 기억하며 앞으로 내 주변 모든 사람을 사랑하며 품어 안으며 살아가련다.

자식의 가치

 여름이 지나가고 있다. 유독 길고 긴 계절이었다. 코로나19에 사람과의 눈빛이 멀어졌고 지긋지긋한 장마까지 겹쳤으니 우울한 날의 연속이었다. 게다가 여름 끄트머리에서 거센 태풍이 우리들의 일상을 잡고 흔들었다. 집에 있는 시간이 많아지면서 평소에 둘러보지 않던 옛것들을 정리하는 시간을 가졌다. 희석이에게 걱정스러운 문자가 왔다. '엄마, 머하고 계세요? 식사 잘하세요? 외출하실 때 마스크는 꼭 끼셔야 해요.' 맥없이 눈물이 핑 돈다. 사실 나는 요즘 마음이 우울하던 참이다. 나이가 들어 그런가? 촉촉한 눈자위 너머로 어린아이들이 사랑스럽게 뛰어온다.

 흰 종이를 손에 돌돌 말고 들어온다. 얼마나 급하던지 신발도 벗지 못하고
 "엄마, 나 상 받았어요. 전국수학경시대회에서 1등 했어요."
 하면서 기분이 좋아 신바람이 나 있다. 나는 희석이에게 잘했다고 기쁘다고 대견하다고 다른 엄마들처럼 활짝 웃으며 말해주지 못했다. 한편으로는 물론 기쁘고 좋았다. 그러나 그때 당시 우리 집 가정은 많이 힘든 상황이었다. 경제적으로 힘든 것보다 남편이 가정에 등한시하고 있어서 불화가 계속되는 시점이었다. 그때 나의 모습을 생각하니 아이들에게 너무나 부끄럽

다. 엄마는 더 강해야 했는데 그러지 못한 것이 미안해서 쥐구멍이라도 있으면 숨고 싶은 그런 심정이다.

우리 가족은 강경에서 살았다. 남편이 건설부에 다녔는데 직업상 자주 이사를 다녔다. 당시 강경 수로 공사 감독으로 가게 되면서 강경으로 이사를 오게 되었다. 우리 집 앞으로 강경 중국학교가 있었고 뒤쪽으로는 초등학교가 있었다. 아이들 네 명 모두 초등학교에 다녔다. 그런 점에서 도보로 5분이면 가는 거리에 집을 마련했던 것이다. 아이들은 고맙게도 순수하게 학교생활에 적응했다. 특히 원석이가 유독 그랬다. 이사 가고 학교에 가면서 적응할 시간도 없었을 텐데 원석이가 턱 하니 반장이 되었다.

강경 은성극장 아들이 있었는데 반장을 못했다는 이유로 한 해를 묵혔다가 다음 해에 학교를 가기도 했다. 그 아이 엄마가 나에게 라이벌 의식을 많이 느껴서 내가 많이 불편하기도 했었다. 그 아이 엄마는 나에게 질투가 심했다. 자기 아들은 과외도 시킨다며 유난을 떨었다. 나는 그때 당시 원석이에게 아무것도 해주지 못했다. 그저 학교 공부가 전부였다. 그럼에도 원석이는 여름방학 할 무렵에 시험을 봤는데 전체 올백을 맞은 것이다. 학교 창립 이래 올백을 맞은 학생은 처음이라면서 교장선생님께서 학부모 몇 분을 초청해서 여러 선생님과 함께 식사를 했던 기억이 난다. 참 감사하고 뜻깊은 자리였다. 그렇게 원석이는 아침 조회 시간에 전교생 앞에서 우수한 상을 받았고, 학교에서는 잘 알려진 아이였다. 나까지 덩달아 그 이후로 원석이 엄마라는 이유로 어깨가 으쓱해졌다. 생각건대 아마도 우리 원석이는 그때부터 나에게 효도를 시작했던 것이 아닌가 하는 생각이 든다.

   부산 주례초등학교에 다닐 때의 일이다. 선생님들께서 희석이에 대한 칭찬이 이만저만이 아니었다. 상 타온 희석이는 기분이 얼마나 좋았던지 돼지 저금 통장을 털어서 과자, 콜라 파티를 했다. 엄마가 해줬어야 하는 부분까지도 불평 없이 씩씩하게 해냈다. 그런 어린 희석이를 보면서 나는 짧게 생각했었다. '앞으로 큰 사람이 되려나, 꼭 그렇게 될 거야.'라고 마음속으로 주문을 걸었다. 아빠가 집을 비운 상황에서도 엄마도 별 뒷바라지를 해주지 못했는데 꿋꿋하게 스스로 잘해 나갔다. 누나와 형도 모두 우등생들이었다. 희석이는 막내라서 그 뒤를 자연스럽게 따라주었다. 기특했다. 그런 희석이에게 고맙고 미안하다.

   어느 날은 학교에서 글쓰기 대회를 했는데 제목을 '호랑이 엄마'라고 썼단다. 담임 선생님께서 학교에 엄마를 모시고 오라 해서 학교에 갔더니 희석이가 공부를 아주 의젓하게 잘한다면서 어떻게 교육시키냐며 희석이를 향한 칭찬에 입이 마른다. 매일 아침 6시에 일어나 사계절 내내 냉수 한 잔에 잠을 깨우고 복습을 30분 동안 하게 하고 예습을 30분 동안 하루도 빠짐없이 반복되는 학습을 시켰다. 학교 갔다 오면 무조건 자기가 하고 싶은 것을 노트 한쪽에 쓰게 했다. 그게 엄마의 숙제였다. 그날그날 날짜를 적어 엄마를 속일 수 없도록 스스로 하게 하였다. 지금도 우리 아이들은 나에게 말한다. 엄마가 시킨 숙제 때문에 내 글씨가 졸필이 되었다고 말이다. 농담하듯 원망스러운 말을 할 때도 있다. 그러고 보니 우리 아이들 글씨체가 모두 졸필이다. 그 이유는 이렇다. 한쪽 글쓰기 숙제를 빨리 해놓고 놀려고 빨리빨리 쓰다 보니 글씨가 지렁이 기어가듯 엉망이 되다 보니 그렇게 된 것이다. 아침마다 잠자는 아이들 깨워서 초등학교까지는 똑같이 하루도 거르지 않고 정신 들게 물을 먹이며 깨운 거 밖에 없다고 내가 한 것이 아무것도 없다고 간단히 말씀드렸더니 그 말에 처녀였던 담임 선생님께서는 큰 웃음을 터트리던 기억이 난다. 내가 덧붙인 말이 또 있다. 누구든 넷 중에 하나가 잘못을 하면 네 아이 모두에게 벌을 주었다고 말씀드렸다. 그렇게 하면 억울한 놈도 있겠지만 그렇게 하는 것이 네 아이들 형제 우애도 깊어지고 더 나쁜 일도 덜 일어나는 것 같았다. 내가 음으로, 양으로 매일 하나하나 잘 돌봐주지 못했으므로 나는 내 방식대로 최선을 다해서 아이들을 어떻게든 잘 키워보려고 많이도 노력했었다. 그때 그 시간이 주마등처럼 떠오른다. 생각해 보면 그때가 가장 행복한 순간이었다. 아이들은 한없이 예쁘고 사랑스럽고 행복했지만 그 외에는 나는 항상 외롭고 쓸쓸했고 슬프고 원망으로만 가득 찼었다. 분명한 것은 아이들이 있었기에 견뎌낼 수 있었던 시간이었다.

유천초등학교 다닐 때, 어떤 하루가 생각난다. 해가 질 무렵 대문 앞에서 앞집에 사는 노랑머리를 한 아이와 구슬치기를 하고 있었다. 둘이 잘 놀다가 싸움이 붙었는데 희석이는 형이 불리하게 되니 어디서 막대기를 하나 주워 와서는 노랑머리 아이를 희석이가 때린 일이 있다. 아이들이 놀면서 생기는 일이지만 형제간의 사이도 두둑하고 지금 생각하면 하나보다 둘이 좋고 둘보다 넷인 것이 얼마나 다행인지 모른다. 키울 때는 힘들어도 지들끼리 핏줄이 서로 섞여서 하나같이 형제로 살고 있으니, 이보다 더 흐뭇한 일은 없는 것 같다.

그 뒤로도 우리 아이들은 모두 상을 많이 받아왔다. 상을 많이 받아와도 별 관심이 없자, 상을 받아와서도 그냥 책갈피에 넣어두고 모아두었다. 메달은 옷장에 그냥 걸어놓았다. 그런 아이들에게 지금 생각하면 한없이 미안하다. 칭찬 한번 다정하게 여유 있게 해주지 못한 부족한 엄마가 지금에서야 그 미안함에 눈물이 난다. 사는 게 너무 버겁고 정신적으로 힘들었다면 내 핑계다. 나도 그 시절을 어떻게 살아냈는지 내 생에 있어 가장 힘들었던 시기였다. 그래도 나는 공부 잘하는 아이들 덕분에 어디를 가도 만나는 사람마다 원석이, 희석이 엄마 아니냐면서 반갑게 먼저 알아보고는 아이들 얘기를 부럽게들 늘어놓았다.

그렇게 어린 자식들은 내게 늘 행복을 선물해 주었다. 워낙에 성격이 곧고 불의에 앞장서 솔선수범하는 아이들이었다. 특히 희석이는 중, 고등학교 때도 보이스카우트 단장을 맡아서 했고, 통솔력과 협동심도 뛰어났다. 승부욕이 강해서 무엇이든 다 잘해야 하는 성격이기도 했다. 인내심도 강한 아이였다. 아이들이 자기 목표를 향해 알아서 보냈다. 사춘기 때도 애 먹이지 않고 탈 없이 그렇게 잘 자라준 아이들이 지금, 원석이는 백석대학교에서 강의를 하고 희석이는 고려대학교에서 강의를 하고 있다. 그런 두 아들이 자랑스럽다. 박수를 보내고 싶다. 아버지의 빈자리를 불만스럽게 반항하지 않고 자신의 자리를 잘 지켜내며 여기까지 와 준 두 아들에게 많이 고맙다. 그리고 그런 어린 두 아들을 생각하면 아리고 쓰리고 미안하고 대견스럽다.

뒤돌아보면 남편에게는 많이 서운하고 원망스럽다. 그렇지만 그 힘든 시간을 각자 잘 이겨내고 누구도 이탈하지 않고 남편은 남편대로 제자리로 돌아왔고, 우리를 지키고 있으니 얼마나 다행스럽고 고마운 일인가. 네 명의 아들딸이 이모저모로 다들 잘 살고 있고 이 엄마에게도 효도하고 있으니 나는 이 세상이 살맛이 난다. 그러면 된 것이다. 지나간 과거는 지나간 시간일 뿐이다. 앞으로 남은 시간이 중요한 것 아니겠는가.

요즘은 별의별 생각이 다 많다. 할 일이 없어서가 아니고 생각이 많아서인 것 같다. 60여 년을 돌아 돌아 여기에 이르렀다. 인생의 모든 희로애락을 다 겪어왔지만 언제나 나는 자식이 가장 좋다. 어렵고 힘든 그날이 없었다면 외롭고 쓸쓸한 저 날이 없었다면 지금 내게 이날이 있었을까. 내가 살아온 삶의 시간 앞에 가장 아름답게 보이는 것은 지금도 자식뿐이다. 자식이 있어 나는 지금 웃을 수 있고 행복하다. 그리고 내 남편에게도 지금 내 곁에 있는 사실을 바탕으로 좋다고 고맙다고 말하고 싶다. 어떤 누구도 원망하지 않는다. 다 용서하고 다 잊고 좋은 것만 생각하련다. 매사를 감사하며 살아가는 것이 지금 내가 해야 할 시점이 아니겠는가. 나의 사랑스러운 어린아이들이 상장을 들고 뛰어 들어오는 듯하다. 꿈만 같다. 그때 다 해주지 못한 그 마음들을 매만지며 행복하게 남은 시간을 살아가고 싶다.

하늘을 읽다

하늘을 읽다
김화자 시집

발 행 일 | 2025년 10월 27일
지 은 이 | 김화자
발 행 인 | 李憲錫
발 행 처 | 오늘의문학사
출판등록 | 제55호(1993년 6월 23일)
주   소 | 대전광역시 동구 대전로 867번길 52(삼성동 한밭오피스텔 401호)
전화번호 | (042)624-2980
팩시밀리 | (042)628-2983
카   페 | http://cafe.daum.net/gljang(문학사랑 글짱들)
인터넷신문 | www.k-artnews.kr(한국예술뉴스)
전자우편 | hs2980@daum.net

공 급 처 | 한국출판협동조합
주문전화 | (02)716-5616
팩시밀리 | (02)716-2999

ISBN 979-11-6493-409-6
값 12,000원

ⓒ김화자 2025

* 이 책의 판권은 저작권자와 오늘의문학사에 있습니다.
* 이 책은 E-Book(전자책)으로 제작되어 ㈜교보문고에서 판매합니다.
* 잘못 만들어진 책은 구입하신 서점에서 교환해 드립니다.

* 본 도서는 한국예술인복지재단 지원 사업으로 제작되었습니다.